DE LA LIBERTÉ
DE LA PRESSE.
SECONDE LETTRE,
Par J. B. A. S.

Quod nunc instat agendum.

A PARIS,
CHEZ L. G. MICHAUD, IMPRIMEUR DU ROI,
RUE DES BONS-ENFANTS, N°. 34.

M. DCCC. XIV.

DE LA LIBERTÉ
DE LA PRESSE.
SECONDE LETTRE.

Vous voulez, monsieur, que je vous parle encore de cette *liberté de la presse*, qui dans ce moment occupe tous les esprits, qui est l'objet des conversations de tous ceux qui prennent quelque intérêt à la chose publique, qui a acquis par-là un genre d'importance peu favorable aux vues de ses adversaires, et qu'elle n'aurait pas eue si on l'eût traitée avec plus de calme et d'impartialité. Il s'en faut bien que je l'aie considérée dans ses points de vue les plus intéressants; le temps, les lumières et le talent me manquaient. D'ailleurs, je m'étais imposé une réserve, qu'on ne doit pas mettre sans doute dans la recherche des vérités spéculatives, mais que me commandait une juste défiance de mes forces, dans des circonstances où le gouvernement lui-même paraît hésiter sur le parti qu'il doit prendre, et où beaucoup de préjugés, de passions et d'intérêts divers se mêlent malheureusement avec le désir du bien et l'amour de la vérité.

Fontenelle disait que s'il avait la main pleine de vérités, il ne l'ouvrirait qu'avec précaution pour n'en laisser sortir que les vérités qui pourraient être utiles aux hommes sans compromettre leur introducteur. Il citait l'exemple de Galilée. Je ne puis approuver entièrement la timidité de Fontenelle; mais je pense, comme lui, que la vérité sur tous les objets est un fruit dont il faut attendre la maturité pour en faire usage.

J'aime la maxime que j'ai prise pour épigraphe: *occupons-nous d'abord de ce qui presse*. C'est le conseil de la sagesse dans presque toute la conduite de la vie, mais surtout dans les mouvements politiques, où il faut agir quand le temps manque pour délibérer, et où, en cherchant le mieux, on peut laisser échapper le bien.

Il ne faut pas se lasser de répéter le mot de Solon: *Je n'ai pas donné aux Grecs les meilleures lois possibles, mais les meilleures qu'ils pussent supporter*. Ce mot offre une éternelle leçon à ceux qui sont appelés à former ou à réformer les gouvernements. Il pourra servir à vous expliquer la contradiction apparente que vous pourriez trouver entre la lettre que je vous ai adressée et les pages que vous allez lire.

Je regarde et je regarderai toujours la liberté de la presse comme essentielle à tout gouvernement où la nation, par l'intermédiaire de ses représentants, coopère à la formation des lois, et en surveille l'exécution.

Si le gouvernement actuel était constitué définitivement, tel qu'il le sera lorsque la chambre des députés sera composée de membres librement élus par les départements, et munis de pouvoirs spéciaux pour exercer les fonctions qui leur sont attribuées par la charte constitutionnelle, alors la liberté de la presse, exempte de toute censure préalable, serait à mon sens la mesure la plus efficace pour donner au gouvernement le plus haut degré de sagesse et de force dont il puisse être susceptible.

La supériorité du gouvernement d'Angleterre tient à ce qu'il gouverne avec toutes les lumières qui existent dans une nation qui en a beaucoup; cette masse de lumières se répand sur toutes les parties de l'administration, dirige la puissance publique dans toutes ses mesures, et l'opinion publique dans tous ses jugements. Ces avantages inestimables sont évidemment l'effet de la liberté de la presse.

Mais cette liberté n'a-t-elle pas aussi, même en Angleterre, de graves inconvénients? Qui peut en douter? Les *Whigs* les plus ardents s'en sont plaint souvent. Toute liberté est comme la propriété, un droit d'user et d'abuser. On a abusé en Angleterre, plus que partout ailleurs, de ce droit laissé à chacun de publier ses opinions sur les hommes et sur les choses; mais après en avoir bien pesé les bons et les mauvais effets, les meilleurs esprits ont jugé que les avantages de la liberté étaient inapréciables, et que des lois sages et sévères, fidèlement exécutées, étaient le seul frein, le frein même le plus puissant qu'on pût opposer aux abus. En effet, ces lois ont servi efficacement, non seulement à punir, mais même à prévenir par la crainte de la punition, la témérité des écrivains disposés à franchir les bornes que l'intérêt public impose à la liberté. Les tribunaux ont toujours été prêts à venger l'ordre public des atteintes qu'avaient pu y porter des écrits dangereux, et à réparer les torts faits aux individus par d'injustes diffamations. Les procès, pour cause de libelles, sont aujourd'hui plus rares qu'ils ne l'ont jamais été. Les gens en place sont moins sensibles aux censures, et même aux injures; et le public attache moins d'importance aux unes et aux autres. Ainsi, les abus de la liberté diminuent, tandis que ses bienfaits deviennent plus purs et plus constants.

Le régime qui convient aux Anglais nous convient-il également? Y sommes-nous également préparés, et n'y a-t-il pas dans notre situation présente des circonstances qui ajouteraient à ce régime des inconvénients qu'il n'a pas en Angleterre? C'est ce qui mérite d'être mûrement considéré.

D'abord cette liberté absolue de la presse, que je regarde comme essentielle à la liberté publique dans une monarchie limitée par une représentation nationale, peut n'y être nécessaire qu'autant que ce gouvernement représentatif est définitivement constitué. Or, ce n'est pas l'état où nous sommes. Le peuple français n'a pas encore de véritables représentants. Les membres de la chambre des députés n'ont point été élus, et ne sont pas munis de pouvoirs spéciaux, pour exercer les fonctions dont ils sont chargés. Une partie d'entre eux ont bien été envoyés par les départements, mais pour une autre mission; les autres n'ont plus de pouvoirs, parce que le terme de leur mission est expiré. Tous tiennent le droit de siéger dans cette chambre d'un acte de la volonté du monarque, non de la volonté du peuple. Tous sont commis à seconder le gouvernement dans les droits du peuple, mais comme un tuteur est nommé d'office pour défendre les droits d'un mineur ; ils ne sont point les mandataires du peuple. Cette observation cependant ne peut affaiblir en rien l'autorité des opérations de cette chambre. Les membres qui la composent avaient obtenu la confiance de la nation pour une mission analogue ; et en les choisissant pour composer provisoirement cette branche du corps législatif, que le temps et les circonstances ne permettaient pas de former d'une manière plus régulière, le Roi a donné une preuve de justice et de sagesse ; il obéissait à la loi impérieuse de la nécessité, et la voix publique n'aurait pu lui indiquer une mesure plus conforme au vœu général.

D'autres considérations viennent à l'appui de celle-là.

On ne peut se dissimuler qu'il existe une inquiétude assez générale sur les effets de la constitution nouvelle, que le Roi vient de donner à la France. Cette inquiétude a différentes causes, et se porte sur différents objets ; quoique je la voie dans des esprits sages, désintéressés, sincèrement dévoués à la monarchie et au légitime souverain qui nous est rendu, je la crois cependant très exagérée, sous quelque rapport que je l'envisage. Quelques personnes paraissent craindre que les débats de notre nouveau corps législatif ne nous ramènent les orages et les désastres de nos anciennes assemblées révolutionnaires. Cette crainte est tout-à-fait chimérique : un corps divisé en deux chambres, dont les éléments seront sagement choisis, dont les pouvoirs seront clairement définis, dont les délibérations seront circonscrites dans de justes bornes, tant pour les formes que pour la durée, n'aura rien de commun avec ces assemblées uniques, permanentes, excessivement nombreuses, et qui, par ignorance, autant que par fanatisme ou par ambition, s'étaient arrogé des pouvoirs sans limites. Mais il y a une différence encore plus importante entre l'état où se trouve la France aujourd'hui, et celui où elle se trouvait en 1789. Alors différents partis concouraient à échauffer le peuple contre le gouvernement. Le penchant naturel pour la nouveauté, et l'espérance de salutaires améliorations pour tout le monde, exaltaient tous les esprits et leur faisaient désirer de grands changements. Aujourd'hui, au contraire, nous sommes rassasiés de tous les spectacles que peut offrir une révolution. Fatigués d'une si longue tourmente, nous ne soupirons qu'après le repos ; nous ne sentons plus que le besoin de vivre sous un gouvernement juste et doux, qui permette à chacun de jouir de ce qu'il a, et de se procurer ce qui lui manque par le libre exercice de ses facultés et de son industrie.

Ces biens se trouveront dans un état de paix, dont tout annonce une longue durée, et qui réparera peu à peu les ravages d'une guerre aussi monstrueuse dans ses principes que désastreuse dans ses effets; ils se trouveront dans un système d'ordre, d'économie et de prévoyance, qui, en rouvrant toutes les sources de la prospérité publique, relèvera peu à peu la France au rang qu'elle doit occuper en Europe; ces biens se trouveront surtout dans le gouvernement d'un prince qui, en invoquant lui-même le nom de Henri IV, nous promet un digne successeur du bon et grand roi, et qui joindra aux inspirations de sa bonté naturelle, les vues d'un esprit très éclairé, naturellement droit, et fortifié par la longue expérience de la retraite et de l'infortune.

La France, après vingt-cinq ans d'agitation et de malheur, va *se reposer enfin*, suivant l'expression de Montesquieu, *dans le gouvernement qu'elle avait proscrit.* Le repos en effet ne pouvait être que là; toute autre combinaison politique nous replongeait évidemment dans de nouveaux troubles et de nouvelles incertitudes. Sans doute nous ne jouissons pas encore de la plénitude de ce repos. Les flots de la mer restent encore agités quelque temps après la tempête; mais le calme se prépare: n'en retardons pas la jouissance par des craintes prématurées ou par une impatience déraisonnable. Donnons, comme disent les Espagnols, du temps au temps.

A ces motifs vagues d'inquiétude qui se portent sur l'avenir, se joignent des mécontentements particuliers qui ont des causes plus réelles. Le grand changement qui vient de s'opérer, en a amené nécessairement beaucoup d'autres dans la destinée des individus ; combien de fortunes détruites, d'ambitions dérangées, d'espérances frustrées! Le désordre où a laissé les finances de l'état un gouvernement aussi extravagant qu'atroce, nécessite des réformes de places, des réductions de traitements qui produisent des malheurs nombreux et inévitables. De là des plaintes très-naturelles, des murmures sur le présent, des regrets sur le passé, de tristes pronostics sur l'avenir, qui semblent donner à l'esprit public une disposition fâcheuse, que la malveillance exagère, dont quelques personnes s'alarment trop légèrement, mais dont l'effet purement momentané ne me paraît présager aucun danger réel. Il y a dans la masse de la nation un sentiment général de bonheur qu'aucun autre sentiment ne peut balancer, et toutes les paroles qui sont sorties de la bouche de notre monarque, portent un caractère de justice et de bonté qui ne laisse craindre aucun genre d'oppression.

Quelle que soit mon opinion sur ce sujet, je ne puis dissimuler que la liberté illimitée de la presse, réclamée par tant de bons esprits, est un objet de terreur pour beaucoup d'autres. Le peu d'effet que produit cette multitude de pamphlets absurdes ou scandaleux, dont nous sommes inondés depuis quelques mois, suffirait pour rassurer sur le mal qui peut en résulter; mais il est aussi difficile d'inspirer du courage aux esprits timides et de la résignation à ceux qui souffrent, que de rendre raisonnables les hommes passionnés, et modérés les hommes de parti.

Ainsi, quelque peu fondée que puisse être cette disposition d'inquiétude et de crainte, qui se fait apercevoir dans différentes portions du public, il suffit qu'elle existe pour mériter des ménagements, et pour qu'on doive éviter tout ce qui peut l'aigrir ou la prolonger.

Quoiqu'il soit fort commun et fort commode de dire qu'il ne faut jamais transiger avec les principes, je crois qu'il n'y a aucun principe de gouvernement, excepté celui de la justice rigoureuse, qui, chez les nations les plus sages, n'ait pu souffrir quelque modification, dans la vue de prévenir, par un inconvénient momentané, des maux plus graves et plus urgents. Montesquieu a dit qu'il y a des circonstances où il faut jeter un voile sur la statue de la liberté. Les Romains, en créant un dictateur, ne suspendaient pas simplement l'exécution d'une loi ; c'était la république même qui était suspendue par la dictature.

Les Anglais, dont on veut à toute force copier les institutions avant de les avoir comprises, les Anglais eux-mêmes nous ont donné plusieurs fois l'exemple de suspendre ce fameux acte d'*habeas corpus*, qu'ils regardent cependant comme le *palladium* de la sûreté individuelle, l'objet le plus substantiel de toute liberté. Y a-t-il un principe plus sacré que celui qui proscrit ce trafic de chair humaine, qui, depuis trois siècles, déshonore l'Europe? L'Angleterre a la gloire d'en avoir voté l'abolition ; mais elle n'a procédé que par degrés à cette mesure d'humanité, et elle a mis vingt ans à en préparer l'entière exécution. La liberté de la presse, quelque salutaire, quelque nécessaire même qu'elle soit, n'a cependant rien de plus saint ni de plus urgent. Pourquoi ne jetterions-nous pas un voile sur son image jusqu'à ce que nous puissions le lever sans exciter ni terreur, ni scandale? Mais en limitant momentanément cette liberté, cherchons en même temps les moyens d'en conserver ce qu'elle a de plus précieux en écartant ce qu'elle a d'évidemment nuisible. Il est vrai qu'on ne peut atteindre ce but désirable qu'en autorisant une censure préalable des ouvrages destinés à l'impression.

Un vice inhérent à toute censure de ce genre, c'est de soumettre les pensées d'un homme à l'opinion d'un autre, opinion nécessairement arbitraire; et l'arbitraire est le poison de la liberté. Il faut donc régler, s'il est possible, cet arbitraire, et pour cet objet je propose de former un réglement où l'on exposera, d'une manière précise et détaillée, les principes qui doivent guider les censeurs dans l'examen des ouvrages; où l'on fixera les points sur lesquels la liberté ne doit éprouver aucune gêne, et ceux où l'on doit arrêter ses excès. Je ne me permettrai pas d'insister sur l'esprit qui dirigerait la rédaction de ce réglement. Comme il devrait avoir force de loi, il pourrait être proposé par la chambre des députés, délibéré et adopté dans les deux chambres, revêtu ensuite de la sanction royale. L'exécution serait renvoyée, comme celle de toutes les lois, au pouvoir exécutif. Je m'en fierais bien, pour la fidèle exécution de ce réglement, à la sagesse et aux lumières de l'administrateur à qui le gouvernement a confié la direction de la Librairie; mais l'intérêt public exige une garantie publique pour le maintien de toutes les lois. Cette garantie se trouverait dans le droit accordé à chaque auteur, qui se croirait lésé par l'injuste sévérité d'un censeur, de se pourvoir par voie d'appel devant la chambre des députés, en motivant l'infraction qu'il croirait avoir été faite à son égard au règlement de la presse.

Ne serait-il pas possible de former dans la chambre des députés, ou dans l'une et l'autre chambre, un comité chargé de recevoir ces réclamations et d'en faire le rapport, et dont les fonctions resteraient en activité dans les intervalles des sessions du corps législatif.

Une mesure plus importante encore, et non moins urgente, serait la révision de nos lois pénales contre les délits qui peuvent se commettre par les différentes manières de communiquer la pensée. Quoique l'instrument dont on se sert pour attaquer l'ordre et la tranquillité publique, pour outrager les mœurs ou blesser les droits des individus, ne change pas la nature du délit, il peut en changer la gravité. Ainsi, l'impression peut donner à la communication des opinions dangereuses et répréhensibles une extension et une rapidité d'où résulterait un dommage que ne peuvent produire ni la parole ni l'écriture. Je pense donc que pour juger les délits de ce genre, il faudrait non seulement quelques modifications dans les lois pénales, mais peut-être l'établissement d'un tribunal particulier avec le concours d'un jury spécial qui me paraît indispensable pour cette nature de jugements.

J'ajouterai que si les deux chambres adoptaient la résolution de suspendre la liberté de la presse, mon vœu serait qu'elles déclarassent que la suspension n'est que momentanée; qu'elles regardent cette liberté comme essentielle à un gouvernement représentatif, et que toute espèce de restriction à cette liberté sera levée dès que la représentation nationale sera définitivement constituée par une élection libre des députés des départements, opérée suivant les formes prescrites par la charte constitutionnelle.

P. S. Je terminais cette lettre par quelques réflexions sur la police des journaux; mais j'ai effacé ce que j'avais écrit après avoir lu une brochure qui vient de paraître, et qui est intitulée *De la Liberté des Brochures, des Pamphlets et des Journaux, considérée sous le rapport de l'intérêt du gouvernement*; par Benjamin de Constant. J'y ai trouvé une abondance d'idées nouvelles, fines et profondes qui m'a paru laisser peu de choses à dire sur ce sujet. Le style offre d'ailleurs une réunion piquante d'énergie, de précision et d'élégance, qui caractérise tout ce qui sort de la plume de Constant.

FIN.

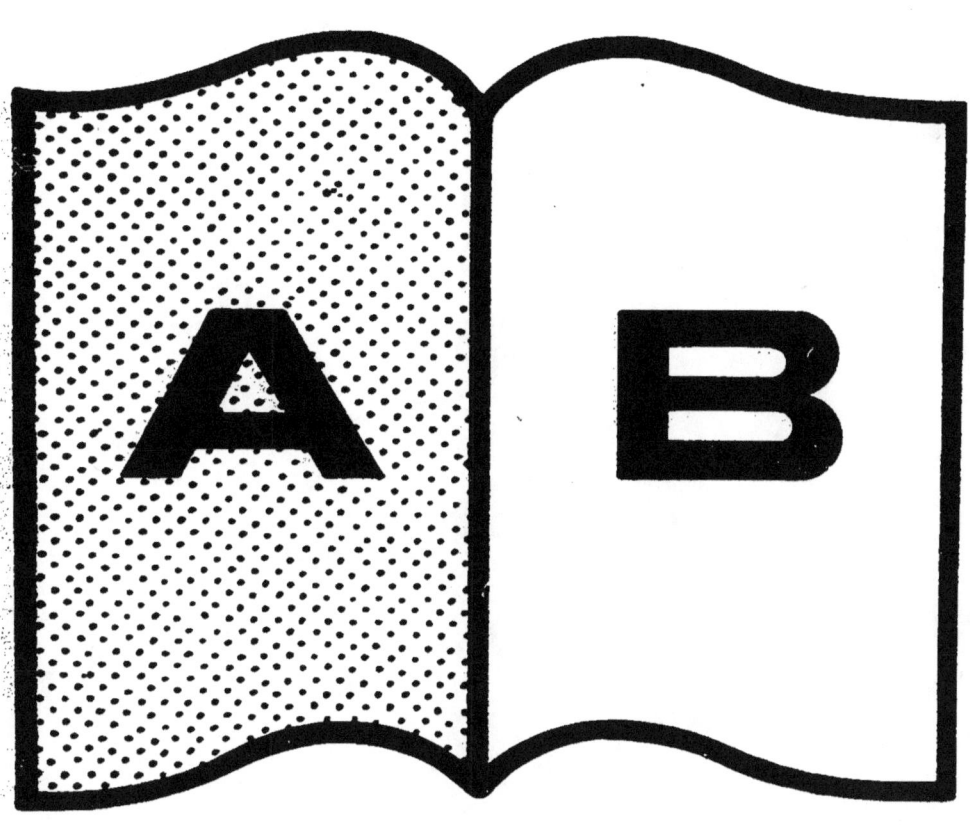

Contraste insuffisant

NF Z 43-120-14

www.ingramcontent.com/pod-product-compliance
Lightning Source LLC
Chambersburg PA
CBHW071447060426
42450CB00009BA/2312